l

Abenteurer und Entdecker

Philip Ardagh

Illustriert von Chris Mould

echter

Deutsche Übersetzung: Thomas Häußner

© der englischen Originalausgabe:
Belitha Press Limited, London 1996
© 1996, Echter Verlag Würzburg
Alle Rechte vorbehalten
ISBN 3-429-01820-X

Printed in Hongkong

INHALT

EINFÜHRUNG

Für die meisten Menschen ist ein furchtloser Reisender oder Entdecker üblicherweise ein weißer Europäer – oft mit einem Bart –, der etwas Wichtiges entdeckt hat, was dann nach ihm bzw. nach seinem **Monarchen** benannt wurde.

In diesem Buch findest du tatsächlich viele Leute, auf die diese Beschreibung paßt, aber auch andere … Und du wirst merken, daß man mit dem Wort „entdecken" vorsichtig umgehen sollte, liegt es doch in der Natur des Menschen zu behaupten, als erster etwas gesehen zu haben oder als erster irgendwo gewesen zu sein. David Livingstone zum Beispiel wird der Ruhm zugesprochen, 1855 die Viktoria-Fälle entdeckt zu haben, dort, wo heute die Grenze zwischen Simbabwe und Zaire verläuft. Doch es ist mehr als unwahrscheinlich, daß die Einheimischen den 120 Meter hohen Wasserfall nicht gekannt haben und erst ein vorbeireisender Schotte sie darauf aufmerksam machen mußte.

Kein Zweifel besteht allerdings darüber, daß die Personen in diesem Buch allesamt tapfer waren und Land betraten, das ihnen bis dahin unbekannt war.

Fettgedruckte Wörter werden im Glossar auf Seite 30 erklärt.

MARCO POLO

Marco Polo, 1254 in Venedig
in Italien geboren, war ganz sicher
ein solch mutiger Reisender. Sein späterer Ruhm begann mit
einem (kurzen) Gefängnisaufenthalt. Er und sein Zellennachbar
Rustichello verbrachten ihre Zeit damit, sich gegenseitig
Geschichten aus ihrem Leben zu erzählen.
Marco Polos Berichte waren am interessantesten. Seine
erstaunlichen Abenteuer faszinierten Rustichello so sehr, daß er
beschloß, ein Buch darüber zu schreiben.
So entstand das Werk *„Die Reisen des Marco Polo"*.
Es enthält als erstes die Beschreibung des Fernen Ostens durch
einen Europäer.

Obwohl vieles darin der Wahrheit entspricht, ist manches kaum zu glauben. So zum Beispiel die Beschreibung von einigen sehr seltsamen Lebewesen, die Marco Polo angeblich zu Gesicht bekommen haben will. Zu einer Zeit, da viele Europäer nicht einmal ihre Heimatstadt verließen, reiste Marco Polo von Venedig über Jerusalem durch Persien nach China. Die Rückreise erfolgte über Malaysia, Sumatra, Sri Lanka, Indien und die Straße von Hormus. Marco Polo brach 1271 auf, als er gerade 17 Jahre alt war. Mit 41 kehrte er schließlich wieder nach Venedig zurück.

Viele seiner Reisen unternahm er gemeinsam mit seinem Vater und seinem Onkel. Da Rustichellos Buch jedoch mehr von ihm erzählte, erinnern sich nur noch wenige Menschen an deren Namen (es waren Niccolo und Maffeo Polo). Marco hatte die außergewöhnliche Ehre, Repräsentant des Khublai Khan, des mächtigen **Mongolen**herrschers (dessen Territorium auch China umfaßte), zu werden und vertrat diesen sogar bei einigen wichtigen diplomatischen Missionen.

Er brachte Schießpulver mit

Als Marco Polo nach Venedig zurückkam, brachte er Papiergeld, Schießpulver und Porzellanvasen mit – alles Dinge, die bis dahin im Westen unbekannt waren. Der Krieg zwischen Venedig und Genua wurde schließlich sein Schicksal; er endete im Gefängnis.

CAPTAIN COOK

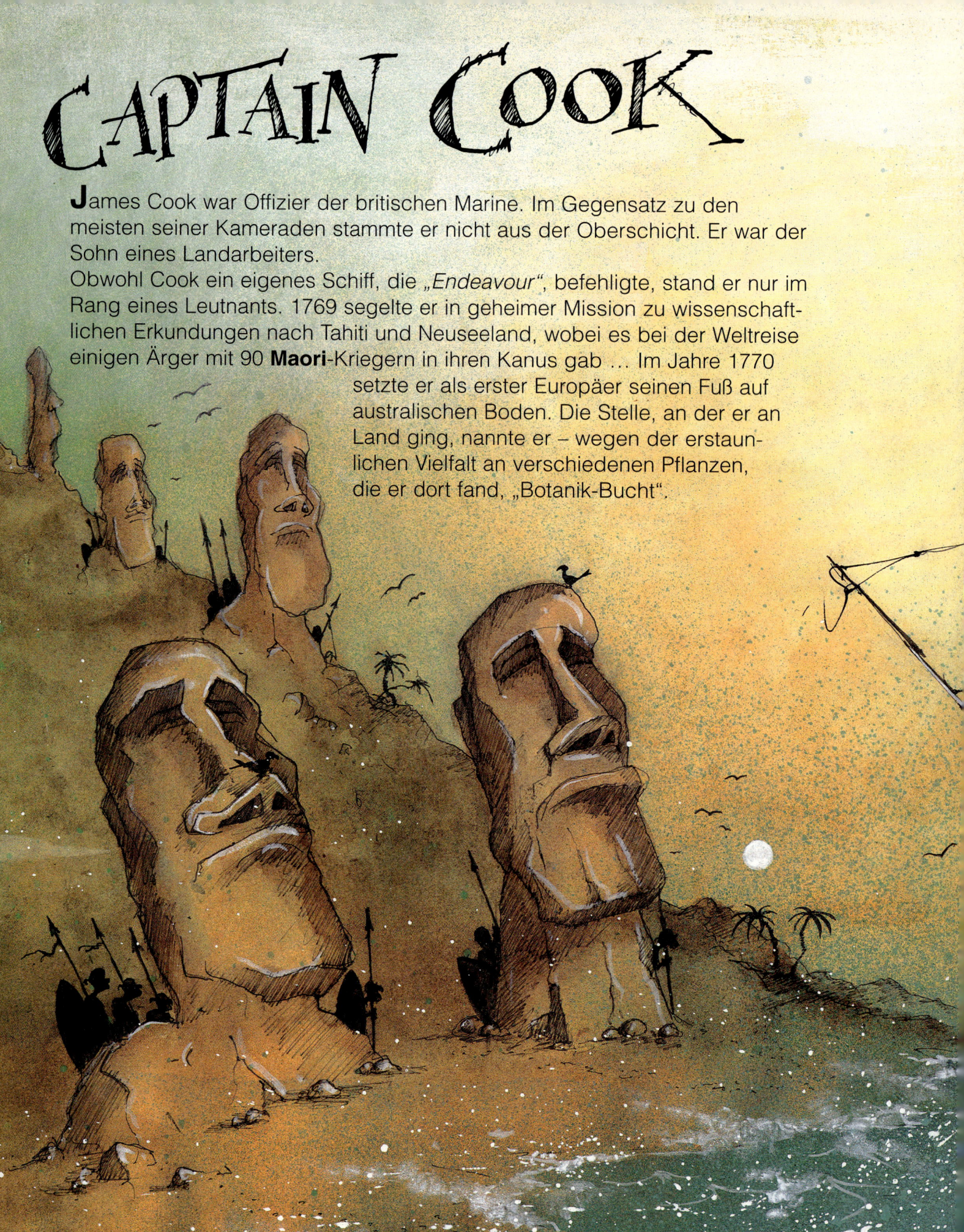

James Cook war Offizier der britischen Marine. Im Gegensatz zu den meisten seiner Kameraden stammte er nicht aus der Oberschicht. Er war der Sohn eines Landarbeiters.

Obwohl Cook ein eigenes Schiff, die *„Endeavour"*, befehligte, stand er nur im Rang eines Leutnants. 1769 segelte er in geheimer Mission zu wissenschaftlichen Erkundungen nach Tahiti und Neuseeland, wobei es bei der Weltreise einigen Ärger mit 90 **Maori**-Kriegern in ihren Kanus gab … Im Jahre 1770 setzte er als erster Europäer seinen Fuß auf australischen Boden. Die Stelle, an der er an Land ging, nannte er – wegen der erstaunlichen Vielfalt an verschiedenen Pflanzen, die er dort fand, „Botanik-Bucht".

Cook leitete zwei weitere Expeditionen; die erste 1772, die zweite 1776. 1774 erreichte er eine Inselgruppe, die er – nach dem Zeitpunkt ihrer Entdeckung – „Osterinseln" nannte. Dort stieß er auf einige riesige Steinköpfe, von denen einige über 12 Meter hoch waren. 1778 segelte er nach Hawaii. Anfangs wurden Cook und seine Männer von den Insulanern wie Götter behandelt. Später kehrten sich die Dinge zum Schlechteren. Nachdem Cook die Segel für die Heimfahrt hatte setzen lassen, geriet das Schiff in einen Sturm und wurde beschädigt. So mußte er nach Hawaii zurückkehren, um die notwendigen Reparaturen durchführen zu lassen. Bei einem Streit mit den Einheimischen wurde er erstochen.

Cook verbesserte vieles im Leben des einfachen Seemanns. Um den **Skorbut** zu bekämpfen, dem zu dieser Zeit ganze Schiffsbesatzungen zum Opfer fielen, nahm er große Mengen Früchte mit auf seine Reisen. Er sorgte auch dafür, daß sich die Männer regelmäßig wuschen. Das mag manche Verwunderung verursacht haben, aber es machte die Mannschaft auch wesentlich gesünder und widerstandsfähiger.

Die Tätowierungen

Die Begegnung Cooks mit den Maori begründete den späteren Brauch der Seeleute, sich tätowieren zu lassen. Die Maoris liebten Tätowierungen und zeigten Cooks Leuten ihre Technik. Nach der Rückkehr der Engländer wurde es in der gesamten christlichen Seefahrt üblich, den Körper mit Tätowierungen zu versehen.

MAGELLAN und DRAKE

Die erste Weltumsegelung wurde von Ferdinand Magellan, einem Portugiesen, unternommen und dauerte drei Jahre – von 1519 bis 1522. Leider überlebten Magellan und ein Großteil seiner Mannschaft nicht das Ende dieser Reise. Nachdem der mutige Mann mit fünf Schiffen und 260 Matrosen von Spanien aus aufgebrochen war, kehrte drei Jahre später nur ein Schiff, die *„Vittoria"*, mit einer Handvoll Männern an Bord dorthin zurück. Die Seeleute gerieten im Verlauf ihrer Reise in zahlreiche Schwierigkeiten. Neben der schlechten und unzureichenden Verpflegung hatten sie häufig mit widrigen Wetterbedingungen zu kämpfen und mußten feindliche Angriffe und gelegentlich Schiffbrüche überstehen. Magellan selbst kam auf den Philippinen während eines Streits unter einheimischen Stammeshäuptlingen ums Leben.

Die nächste Weltumsegelung wagte Francis Drake, ein Engländer. Sie dauerte von 1577 bis 1580. Drake war mit einer doppelten Aufgabe betraut: Zum einen sollte er einen geheimnisvollen Ort namens „Terra del Fuego" aufspüren. Zum anderen wollte Königin Elisabeth I., daß er mit möglichst viel Gold und Gewürzen zurückkehrte; auch wenn dazu ein wenig Piraterie nötig war …
Allem Unglück zum Trotz, das ihn auf seinem Weg verfolgte, (**Meutereien** eingeschlossen), erreichte Drake schließlich „Terra del Fuego" und konnte bestätigen, daß es sich um eine Insel handelte. Im November 1580 kehrte er nach England zurück.

Zum Ritter geschlagen

An Bord seines Schiffes wurde Drake von der Königin zum Ritter geschlagen und erhielt so den Titel Sir Francis Drake. Diese besondere Ehrung verdankte er seinen Piraterien gegen die spanischen Schiffe und die dabei erbeuteten Gold- und Silberschätze.

ISABELLE EBERHARDT

Isabelle Eberhardt wurde 1877 in einem Vorort von Genf in der Schweiz geboren. Ihre Mutter Nathalie war eine russische Adlige. Zeit ihres Lebens glaubte sie, daß Paul de Moerder, der Ehemann ihrer Mutter und General in **Zar** Alexanders Garde, ihr Vater sei. In Wirklichkeit war es aber der Privatlehrer Alexander Trophimovsky, den sie „Großonkel" nannte und der ein **Anarchist** war.

Isabelle Eberhardt war eine bemerkenswerte Persönlichkeit. In einem Lebensalter um die Mitte zwanzig ging sie nach Nordafrika und erforschte zu Pferd die Wüste Sahara. Für eine Frau stellte das zu Anfang des 20. Jahrhunderts eine erstaunliche Leistung dar.

Und als ob dies nicht schon bemerkenswert genug gewesen wäre, kleidete sie sich auch noch wie ein Araber. Die meisten Menschen, denen sie begegnete, wußten zwar, daß Isabelle weder Araber noch ein Mann war, aber sie waren freundlich zu ihr und taten so, als ob sie es nicht zur Kenntnis nähmen. Viele ihrer Abenteuer hat Isabelle Eberhardt in einem Tagebuch festgehalten, das sie zwischen 1900 und 1903 führte. Sie nahm auch den islamischen Glauben an und überzeugte sogar ihre Mutter ebenfalls zu konvertieren. Gerüchten, daß ein Araber sie töten wollte, weil sie Christin war, trat sie entgegen und schrieb an eine französische Zeitung (zu dieser Zeit beherrschten die Franzosen den größten Teil Nordafrikas), daß dies nicht stimmen könne, weil sie inzwischen den islamischen Glauben angenommen habe. Glücklicherweise erlitt sie bei einer Tätlichkeit nur eine Verletzung am Arm (die wieder verheilte) – ihre Ausweisung aus Algerien folgte jedoch auf dem Fuß. Nachdem sie aber einen Araber geheiratet hatte, kehrte sie wieder zurück. Isabelle Eberhardt verbrachte mehrere Jahre auf Reisen. Sie litt oft unter Hunger und Krankheiten, war noch öfter knapp bei Kasse und wurde nicht älter als 27 Jahre.

Das lag daran, daß sie zur unrechten Zeit am unrechten Ort weilte. Während einer Reise durch die Wüste ertrank sie nämlich in einer Flutwelle an der Grenze zwischen Algerien und Marokko.
So war ihr Tod nicht weniger ungewöhnlich, wie es ihr ganzes Leben gewesen war.

HERNANDO CORTÉS

Hernando Cortéz wurde 1485 geboren. Seine Familie war angesehen und stolz, hatte aber wenig Geld. Mit 26 Jahren erlebte er sein erstes Abenteuer. Unter dem Kommando eines Mannes mit Namen Diego Velazquez bekam er den Auftrag vom spanischen Komitee, eine Insel zu erobern, die heute den Namen Kuba trägt. Cortéz wurde sogar Bürgermeister von Santiago de Kuba, der Hauptstadt der neuen Kolonie. Er war nun reich und berühmt, aber er wollte noch mehr. Nachdem er vom Aztekenvolk (das auf dem amerikanischen Festland lebte) und seinen sagenhaften Goldschätzen gehört hatte, führte er 1519 eine Streitmacht von 600 Män-nern in das heutige Mexiko und gelangte bis in die Stadt Tenochtitlán. Viele Azteken hielten ihn für den Gott Quetzal-coatl. Montezuma jedoch, der Herr-scher über die Azteken, blieb mißtrauisch. Er erwies Cortéz zwar alle göttlichen Ehren, behielt ihn aber im Auge.

Briefe in die Heimat

Trotz seines rücksichtslosen Vorgehens und des Rufes, ein **Konquistador** zu sein, hatte Cortéz auch ein Auge für die Schönheit jener Län-der, die er für Spanien er-oberte. Viele der Briefe, die er zwischen 1519 und 1526 schrieb, enthalten auch poetische Beschreibungen der unterworfenen Länder.

Pocken

Die wirkungsvollste Waffe der Spanier waren die **Pocken** und andere Krankheiten, die sie aus Europa mitbrachten. Einmal damit infiziert, starben die Azteken zu Tausenden.
So war es nur eine Frage der Zeit, bis diese hochentwickelte Kultur zugrunde ging.

Anscheinend nicht gründlich genug. Cortéz ließ ihn gefangennehmen und nach Vera Cruz, einer Stadt an der Küste, bringen.
Unterdessen tötete in Tenochtitlán einer von Cortéz' Männern eine Gruppe von Azteken während eines religiösen Zeremoniells. Das brachte die Bevölkerung gegen die Fremden auf, und die Dinge gerieten außer Kontrolle.
Cortéz versuchte die Lage zu beruhigen, indem er das Oberhaupt der Azteken wieder freiließ. Doch das war ein ungünstiger Schachzug. Die Azteken hatten nämlich Montezuma nie wirklich geliebt und steinigten ihn. Cortéz und seine Männer wurden gezwungen, die Stadt zu verlassen. Sie belagerten diese aber und eroberten sie 1521 wieder zurück.

Burke und Wills

Diese unerschrockenen Zwei zählten zu den großen Abenteurern und Entdeckern. Sie wagten als erste, den Kontinent Australien zu durchqueren. Dafür war eine Prämie von 10 000 englischen Pfund ausgesetzt. Zu jener Zeit, 1860, bedeutete das tatsächlich viel Geld. Robert O'Hara Burke, ein ehemaliger irischer Soldat, dann Polizeiinspektor von Melbourne, leitete eine der größten und aufwendigsten Expeditionen in der australischen Geschichte. Sein Führer und Astronom war William J. Wills vom **Observatorium** in Melbourne.

Von Anfang an gab es aber zwei große Probleme für die Expedition. Zum einen waren Burke und seine Männer nicht vertraut mit dem Gebiet, das sie durchqueren wollten. Zum anderen hatte keiner der bärtigen Männer besondere Erfahrung als Forscher. Im Jahre 1860 brachen sie auf und waren schon vor Ende des Jahres 1861 nicht mehr am Leben.

Die Widrigkeiten während des Marsches waren immens. 23 von Pferden gezogene Wagen und 24 Kamele kamen unterschiedlich schnell vorwärts, was zu einem gewaltigen Durcheinander führte. Schließlich trennten sich Burke, Wills und zwei andere namens Charles Gray und John King von der Truppe und versuchten, die noch weit entfernte Küste zu erreichen. Die Hauptgruppe, unter der Leitung von William Brahe, wollte an einem Ort auf sie warten, der „Copper's Creek" hieß.

Burke, Wills, Gray und King erreichten tatsächlich die nördliche Küste, aber auf dem Rückweg kam Charles Gray zu Tode. Und als die beiden anderen Copper's Creek erreichten, fanden sie das Lager verlassen und eine Notiz von Brahe. Er habe geglaubt, sie seien tot, und da ihm die Verpflegung ausgegangen war, hatte er sich auf den Rückmarsch begeben. Anstatt zu versuchen, doch noch mit ihnen zusammenzutreffen, beschlossen Burke, Wills und King, einen anderen Weg quer durch das **Hinterland** einzuschlagen. Dabei verirrten sie sich aber und waren gezwungen, ihre Kamele aufzuessen, um am Leben zu bleiben. Schließlich kehrten sie nach Copper's Creek zurück. Dort starben Burke und Wills. Nur King überlebte dank einiger **Aborigines**, die sich um ihn kümmerten. Später wurden die Leichen von Burke und Wills nach Melbourne gebracht, wo sie ein Staatsbegräbnis erhielten.

Es sollte nicht sein …

Als Burke, Wills und King zum ersten Mal nach Copper's Creek zurückkehrten, war die Hauptgruppe gerade sieben Wegstunden von ihnen entfernt. Als sie sich dann zum zweiten Mal dorthin zurückschleppten, verfehlten sie Brahe, der mit einer neuen Mannschaft nach ihnen suchte, wiederum ganz knapp.

LIVINGSTONE UND STANLEY

David Livingstone, der aus einer armen schottischen Familie stammte, wurde 1840 Missionar in Südafrika. Damals wurden die schwarzen Afrikaner noch gefangen und als Sklaven verkauft. Darüber war Livingstone entsetzt. Er beschloß, Zentralafrika zu erforschen und es möglichst weitgehend für christliche Missionare zu öffnen. Er hoffte, Christentum und Handel könnten und würden das Ende der Sklaverei herbeiführen.

1841 wurde, auf der anderen Seite der Erdkugel in Wales, John Rowlands geboren. Nach einem längeren Aufenthalt in einem **Arbeitshaus** schiffte er sich nach Amerika ein. Dort wurde er von Henry Morton Stanley adoptiert und bekam dessen Namen.

Livingstone hatte unterdessen zusammen mit seiner Frau, seinen Kindern und einem einheimischen Führer den Sambesi-Fluß entdeckt. Zwischen 1854 und 1856 durchquerte er als erster Europäer die Weiten Afrikas und kehrte als Held nach Großbritannien zurück.

Die Viktoriafälle

David Livingstone war der erste Weiße, der den 120 Meter hohen Wasserfall am Sambesi-Fluß erblickte. Er nannte ihn Viktoriafall, zu Ehren der Königin Viktoria.

1866 aber zog es ihn erneut nach Afrika zurück …
Nachdem drei Jahre lang jedes Lebenszeichen von ihm ausgeblieben war, beauftragte die Zeitung **New York Herald** Stanley (früher Rowlands), Livingstone zu suchen. Stanley brach von Sansibar an der Ostküste Afrikas auf, mit fast 200 Eingeborenen als **Träger** und einer Riesenmenge an Vorräten.
1871 begegneten sich die beiden Männer schließlich in dem Dorf Ujiji. Dort soll Stanley die berühmten Worte gesagt haben: „Doktor Livingstone, vermute ich?"
Livingstone war krank und schwach, erholte sich aber bald wieder. 1872 begab er sich mit Versorgungsgütern, die Stanley ihm geschickt hatte, auf seine letzte Expedition, die er jedoch nicht überlebte 1873 war sein Todesjahr.
1874 kehrte Stanley nach Afrika zurück, um das Werk zu beenden, das durch den Tod Doktor Livingstones unvollendet geblieben war. Er setzte dessen Entdeckungsreisen mit Unterstützung einer Mannschaft von über 350 Männern fort. Und als ob das nicht genug gewesen wäre, nahm er 1887 auf seine nächste Expedition sogar 800 Leute mit.

AMUNDSEN UND SCOTT

Sowohl Amundsen als auch Scott kamen auf tragische Weise ums Leben. Der Norweger Amundsen erreichte zwar im Wettlauf zum südlichsten Punkt der Erde den Südpol zuerst, aber es war der Engländer Robert Scott, der als dessen großer Entdecker in die Geschichte einging. Manchmal ist die Geschichtsschreibung eben ungerecht …
Roald Amundsen plante gerade eine Expedition durch die Arktis zum Nordpol, als er erfuhr, daß ein Amerikaner diesen bereits erreicht hatte. So beschloß er, sein Glück statt dessen am Südpol zu versuchen. Da aber auch diesmal ein anderer, nämlich Scott, bereits (im August 1910) nach dort aufgebrochen war, verstand er seine Unternehmung als echten Wettstreit und ließ dem Engländer eine diesbezügliche Nachricht zukommen.
Scotts Expedition bestand aus einer Mannschaft von 53 Mann nebst Pferden und wissenschaftlicher Ausrüstung. Die Tiere waren jedoch nicht an die Kälte gewöhnt, und die schwere Ausrüstung verlangsamte zusätzlich das Tempo. Auch war die Kleidung wenig zweckmäßig; sie bot Scotts Männern kaum Schutz.

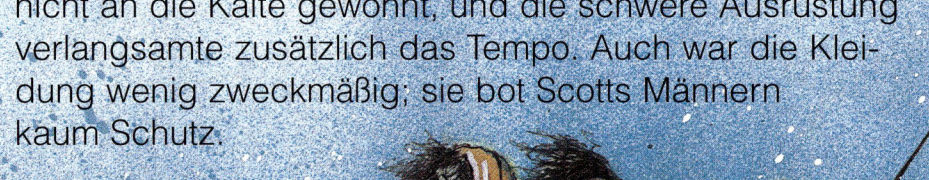

SOUTH POLE

Amundsen hatte die richtige Kleidung, nur wenig Leute und verfügte über Hunde. Am 14. Dezember 1911 erreichte er den Südpol und hißte die norwegische Flagge. Scott kam dort mit vier seiner Männer am 18. Januar 1912 an.
Niedergeschlagen kehrten sie zu ihrem Lager zurück, wo sie Vorräte und Brennstoff deponiert hatten. Ein Mann starb unterwegs. Im Lager ging ihnen der Brennstoff aus. Die vier Männer besaßen nichts, was sie hätte warmhalten können. Acht Monate später fand eine Rettungsmannschaft die erfrorenen Leichen in einem Zelt.
1926 war Amundsen der erste, der beide Pole erreicht hatte. In einem Luftschiff, das von seinem Freund Umberto Nobile gesteuert wurde, überflog er den Südpol. 1928 erlitt Nobile eine Havarie in der Nähe des Nordpols. Amundsen machte sich auf die Suche nach ihm und kam dabei ums Leben.

Der fehlende Leichnam

In Scotts Zelt wurden nur drei Leichen gefunden. Der vierte Mann, Kapitän Lawrence Oates, war am schwächsten und fürchtete, die anderen aufzuhalten, da sie ihn wohl nicht allein zurücklassen würden. Eines Abends verließ er das Zelt und bemerkte: „Ich gehe jetzt. Ich werde wohl einige Zeit fort sein." Er wurde nie wieder gesehen.

IBN BATTUTA

Ibn Battuta war ein reicher marokkanischer Moslem und wurde eher zufällig zum erfahrenen Reisenden. Da er Mekka, den Geburtsort des Propheten Mohammed, besuchen wollte, brach er 1325 zu einer **Pilgerreise** auf. Diese führte ihn von Marokko durch Ägypten und in Städte wie Jerusalem oder Damaskus.

Battuta fand Gefallen an dieser Art zu reisen und dabei Neues zu entdecken. In Mekka angekommen, beschloß er, auch noch das weiter nördlich gelegene Bagdad zu besuchen. Die Stadt lag damals in Trümmern. Sie war von wilden asiatischen Kriegern, den Mongolen, heimgesucht worden. Nach Mekka zurückgekehrt, studierte Battuta Rechtswissenschaft und wurde ein Quadi (eine Art Richter).

Gut zu wissen
Battutas Heimatstadt Fez gab einer ungewöhnlichen Kopfbedeckung den Namen. Ein Fez hat keinen Hutrand und die Form eines Kegels ohne Spitze. Normalerweise ist er rot und mit einer Quaste versehen.

22

Durch seine neue Tätigkeit verdiente er genug Geld, um erneut Reisen zu unternehmen. Diesmal segelte er an der afrikanischen Küste entlang in den Indischen Ozean und besuchte dabei Städte wie Mombasa und Kilwa. Über den Persischen Golf und die arabische Halbinsel kehrte er nach Mekka zurück.

Doch das war Ibn Battuta immer noch nicht genug. Bald darauf durchquerte er Afghanistan und erreichte Indien. Von dort aus fuhr er mit dem Schiff nach China. Schließlich kehrte er 1349 in seine Geburtsstadt Fez (Marokko) zurück.

Doch damit waren seine Reisen immer noch nicht beendet. Im Gegenteil: die gefährlichste Reise lag noch vor ihm. 1352 durchquerte er die Wüste Sahara, um Mali zu erkunden und Timbuktu zu besuchen. Dabei machte er schriftliche Aufzeichnungen über die Orte, die er besuchte, und die Menschen, denen er begegnete. Das war zu einer Zeit, als viele der Gegenden, die er erforschte, den Europäern noch unbekannt waren.

Alles in allem schätzt man, daß dieser unerschrockene Reisende während seines Lebens über 120 000 Kilometer zurückgelegt hat; das ist mehr, als die meisten von uns heutzutage – trotz Auto oder Flugzeug – je schaffen.

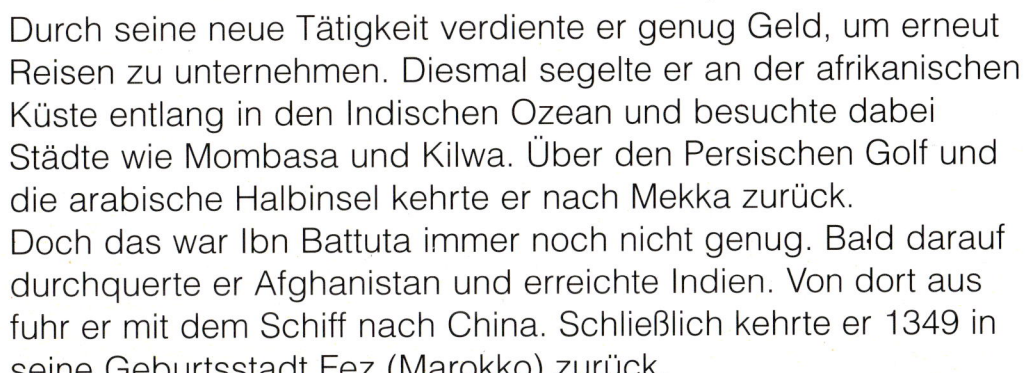

23

COLUMBUS UND CABOT

In einem Buch über Entdecker darf Christoph Kolumbus, der Mann, der durch die Entdeckung Amerikas berühmt wurde, keinesfalls fehlen.

Inzwischen weiß man, daß vor ihm schon andere dorthin gelangt sind. So zum Beispiel die Ureinwohner dieses Kontinents. Einige tausend Jahre vorher, als Asien und Amerika noch durch Land und Eis miteinander verbunden waren, sind sie von Asien nach Amerika gewandert. Ebenso gilt als erwiesen, daß auch die Wikinger lange vor Kolumbus in Amerika gelandet sind. Aber die Geschichtsschreibung gibt eben nach wie vor Kolumbus die Ehre, diesen Kontinent 1492 „entdeckt" zu haben …

Er selbst blieb sein ganzes Leben lang davon überzeugt, China erreicht zu haben.

In Ketten begraben

Kolumbus war von Geburt aus Italiener. Seine Fahrten wurden jedoch vom spanischen König Ferdinand und Königin Isabella finanziert. Später zerstritt er sich mit dem König und der Königin wegen der schlechten Behandlung der Ureinwohner durch die Spanier in den neuen Kolonien. 1498 wurde Kolumbus in Ketten nach Spanien zurückgeschickt. Die Königin verzieh ihm später, aber er bestand darauf, nach seinem Tod in Ketten begraben zu werden, damit sich die Welt daran erinnert, wie es ihm einst ergangen war.

24

1497 brach ein anderer Forscher, John Cabot, in der Hafen-
stadt Bristol in England auf, um einen Weg nach China zu entdecken. Auch er landete auf dem nordamerikanischen Kontinent – da, wo heute Kanada liegt. Anders als Kolumbus war er
sich jedoch der Bedeutung seiner Entdeckung voll bewußt.
Seine Reise wurde zur Grundlage für England, Anspruch auf
Nordamerika zu erheben. Heute erinnern in Bristol eine Statue
und ein Turm an den großen Entdecker John Cabot.
Sein richtiger Name lautete eigentlich Giovanni Caboto,
und er wurde ebenfalls (wie Kolumbus) in Italien geboren
– weit davon entfernt, ein englischer Held zu sein. Die
Engländer hatten lediglich seine Expedition finanziert.

MARY KINGSLEY

Mary Kingsley wurde am 13. Oktober 1862 in London geboren. Ihr Bruder Charles erblickte vier Jahre später das Licht der Welt. Obwohl er nicht so aufgeweckt war wie seine Schwester, schickte ihn seine Familie unter großen Kosten und Opfern auf die Universität in Cambridge. Mary blieb zu Hause. Wie viele viktorianische Töchter betätigte sie sich von 1887 bis 1892 als Krankenschwester für ihre Mutter. Unterdessen begleitete ihr Vater als Privatarzt reiche, aristokratische Familien auf ihren Reisen durch die Welt.
Beide Eltern starben 1892. Nur sechs Wochen nach dem Tod ihrer Mutter brach Mary Kingsley zu jenen Reisen auf, die sie so berühmt gemacht haben.

Am bekanntesten wurden ihre
Abenteuer in Westafrika. Mary Kingsley
brachte zweierlei als erste zustande: Im September
1895 erstieg sie, auf einer bislang unbegangenen Passage,
den Mount-Cameroon. Im selben Jahr bezwang sie im Kanu die
gefährlichen Stromschnellen des Ogooué-Flusses. In den Beschreibungen ihrer Abenteuer liest man, daß ihr die Eingeborenen den Spitz-
namen „Nur ich" verliehen hätten. Dies rührt daher, daß sie – immer,
wenn sie in eines der Dörfer kam – den Leuten zugerufen hatte: „Das
bin nur ich!" Mary Kingsley bekannte auch, daß sie auf ihren Reisen
nie andere Kleidung trug als jene, die einer viktorianischen Dame
ziemte – einschließlich der langen Röcke. Zu dieser Zeit wäre man
nämlich in Europa über eine Dame in Hosen empört gewesen. Ande-
rerseits berichtet sie, daß sie einmal nur ihre „voluminösen Röcke" vor
den Zähnen eines Krokodils gerettet hätten.
1899 brach der Buren-Krieg in Südafrika aus, und Mary Kingsley
stellte sich als Krankenschwester zur Verfügung. Sie starb ein Jahr
später und wurde vor der afrikanischen Küste auf See bestattet.

Ein Fisch namens Kingsley
Mary Kingsley aß gerne sel-
tene Fische, und eine Art
wurde sogar nach ihr benannt.
Man sagt, daß sie das sehr
gefreut habe. Es gibt allerdings keine Aufzeichnung
darüber, was der Fisch davon
gehalten hat.

GLOSSAR

Aborigines: Ureinwohner Australiens. Sie lebten dort schon lange vor Ankunft der Europäer.

Anarchist: Jemand, der jede Form von Regierung und staatlicher Herrschaft – auch mit Gewalt – abschaffen will.

Arbeitshaus: Ehemals ein Ort für Arme oder straffällig gewordene Menschen. Für ihre Unterkunft und Verpflegung mußten sie arbeiten.

Hinterland: Australiens weitläufiges Buschland.

Konquistador: (Spanischer) Eroberer Amerikas im 16. Jahrhundert.

Maori: Ureinwohner Neuseelands.

Meuterei: Aufstand, Befehlsverweigerung (meist Seeleute gegen den Schiffskapitän)

Monarch: Ein König, eine Königin oder ein anderer Herrscher, die ein Land entweder allein regieren oder – wie die meisten Monarchen zumindest in Europa – ihm als Repräsentanten vorstehen.

Mongole: Bewohner der Mongolei, einem riesigen Land in Zentralasien.

Observatorium: Gebäude mit einem Fernrohr und anderen Apparaten, zum Beobachten und Erforschen der Sterne.

Pilgerreise: Eine Reise, um an einem heiligen Ort Gott zu verehren.

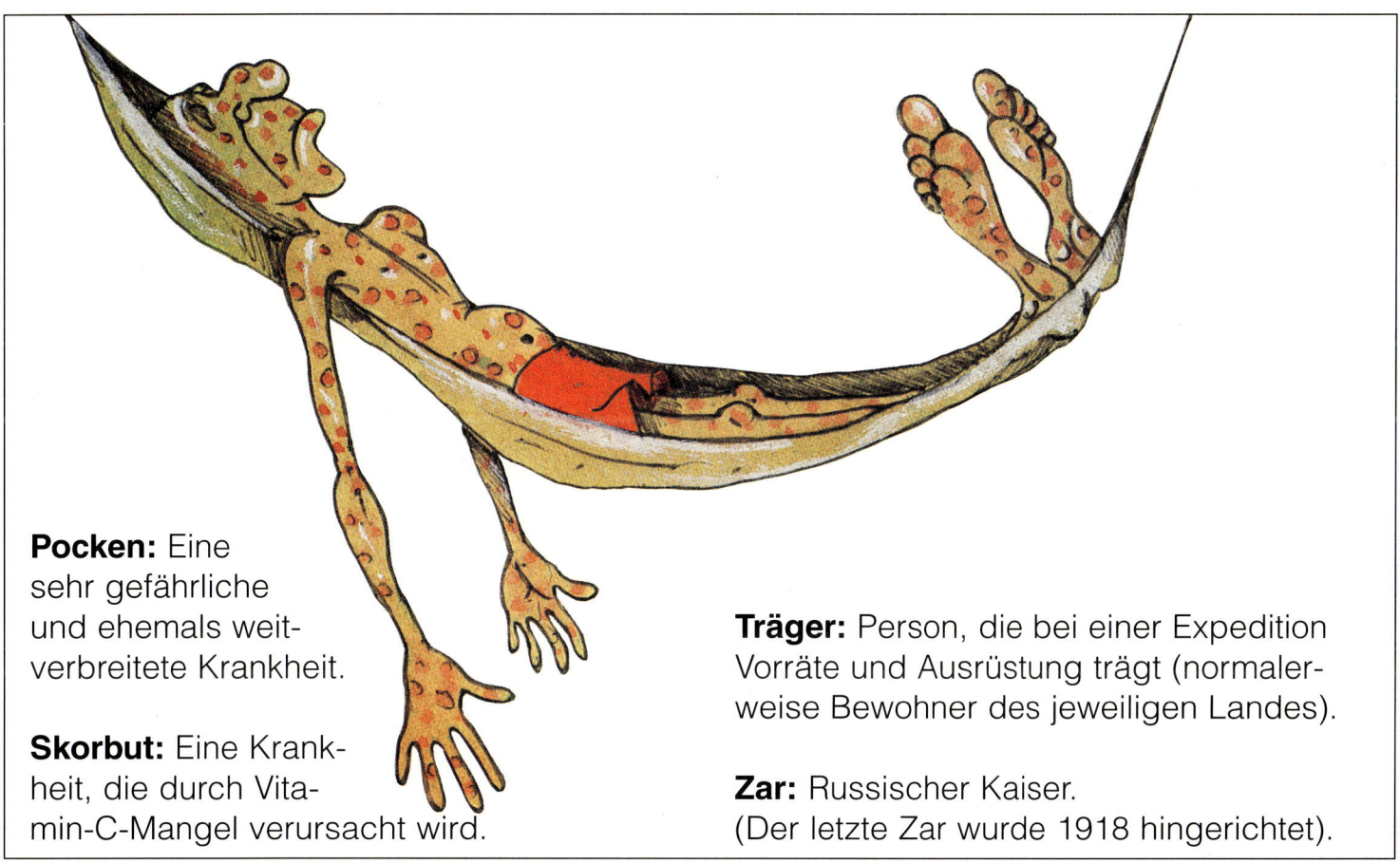

Pocken: Eine sehr gefährliche und ehemals weitverbreitete Krankheit.

Skorbut: Eine Krankheit, die durch Vitamin-C-Mangel verursacht wird.

Träger: Person, die bei einer Expedition Vorräte und Ausrüstung trägt (normalerweise Bewohner des jeweiligen Landes).

Zar: Russischer Kaiser. (Der letzte Zar wurde 1918 hingerichtet).

ZEITTAFEL

REGISTER